AF224699

UN DERNIER MOT

SUR

LE SUFFRAGE UNIVERSEL

PARIS

IMPRIMERIE BALITOUT, QUESTROY ET C°

7, rue Baillif, 7.

UN DERNIER MOT

SUR LE

SUFFRAGE UNIVERSEL

PAR

M. HENRI NADAL

PARIS

C. DILLET, LIBRAIRE-ÉDITEUR

15, RUE DE SÈVRES, 15

—

1875

UN DERNIER MOT

SUR

LE SUFFRAGE UNIVERSEL

Il me parvient quelques objections au sujet de mon écrit sur le suffrage universel.

J'ai tenu à prendre publiquement à partie les principaux griefs qu'on m'impute, en les discutant un à un.

I

On m'écrit d'abord que je suis beaucoup trop sévère, trop exclusif, qu'il est même fort peu de légitimistes qui entendent le suffrage universel si rigoureusement que je le fais moi-même.

J'ai dit la vérité, voilà tout.

J'ai dit les défauts, les vices, les périls, pour faire comprendre à tous que, pratiqué sur la vaste échelle où il est pratiqué de nos jours, entendu dans le sens absolu où on l'entend, posé en principe, en critérium de certitude, en infaillibilité, le suffrage universel sort de ses limites et devient un contre-sens en même temps qu'une tyrannie pure et un danger.

J'ai dit que si le suffrage universel pouvait être utile et rendre de réels services comme soutien, comme aide du gouvernement de droit (ce qui est sa seule raison d'être), il exercerait toujours une influence funeste comme assise des gouvernements, car il est alors dévoyé et va au hasard, à tâtons, dans l'ombre, aux abîmes.

II

« Vous plaidez la cause de la dictature, » m'é-
crit-on encore.

C'est très possible, mon cher correspondant,
mais je me serais bien gardé de l'entendre ainsi,
et cela a été tout à mon insu, je vous assure.

En quoi donc ai-je pu prendre fait pour la dictature?

Dieu me préserve jamais d'être le mauvais avo-
cat d'une si mauvaise cause !

J'ai dit que le suffrage universel devait servir de
sage mesure « au pouvoir légitime, » car à l'en-
contre de M. de Girardin, qui prétend que l'héré-
dité dynastique et le suffrage universel sont in-
compatibles, je n'admets et ne peux comprendre
le suffrage universel qu'avec la légitimité.

En effet, soit que je remonte à sa véritable ori-
gine, soit que, l'histoire à la main, je pèse les
inconvénients du suffrage universel et les sévères
leçons qu'il lui a plu de nous donner, je vois que
si le pouvoir légitime n'existe pas en France, le
suffrage universel ne peut plus nous donner au-

cune garantie durable. Ou il est détourné de son
sens primitif, de sa véritable signification, outre-
passe ses droits et tombe dans l'excès (candida-
tures officielles, assemblées constituantes, plébis-
cites), ou il sert la fortune et l'audace d'un homme
qui le brisera comme un jouet, quand il sera, grâce
à lui, parvenu à ses fins.

Or, avec la monarchie légitime, nous n'avons
plus rien à craindre de tout cela, car, avec elle,
« le suffrage universel trouvera toujours un fonc-
» tionnement normal et fructueux, parce que la
» monarchie est la garantie la plus efficace que
» l'on puisse donner en France à tous les droits,
» au droit de représentation comme aux autres (1).»

Donc, dans les deux alternatives citées plus
haut, le suffrage universel ne peut engendrer que
malheur et désorganisation dans le pays. La légitimité seule peut lui offrir de sérieuses et durables
garanties.

(1) *Gazette de France,* 24 juin 1875.

III

On va jusqu'à m'accuser (c'est de la noirceur ou je ne m'y connais pas), on va jusqu'à m'accuser, dis-je, de ne tenir nul compte du peuple, de vouloir lui interdire la gestion de ses propres affaires, des choses qui le concernent, des intérêts du pays en un mot.

Mon humble avis est que le malade ne se rend jamais compte de son état et qu'il lui est impossible de se guérir lui-même ; qu'il y aurait très mauvaise grâce à prendre un accusé pour juge de de son délit ou de son crime.

Et cependant on veut que le peuple soit son propre médecin en temps de crise, et son unique juge dans les cas difficiles.

Non. Le suffrage universel sort alors de ses limites.

« Que dans l'organisation de la société tout doive
» se rapporter au bien du peuple entier, qui en
» doute (1) ? »

(1) *De la Démocratie,* par M. Laurentie.

Consultez-le même, si vous le voulez, par voie de représentation, pour aider le pouvoir légitime dans sa tâche, mais n'en faites pas le *nec plus ultrà* de la perfection gouvernementale, car, je l'ai dit, vous roulez alors dans un cercle vicieux dont vous ne sortirez jamais : vous irez de la révolution à la dictature. Vous n'aurez jamais de lendemain assuré, le peuple pouvant avec impunité défaire ce qu'il a construit la veille. Et après un quart de siècle, après mille luttes stériles, vous vous retrouverez toujours dans le même état, sans nul progrès, bien heureux encore si, dans ce laps de temps, les revers ne vous ont pas visités, et si les affaires du pays ne sont pas plus embrouillées et plus mauvaises qu'auparavant.

« Vingt-et-un ans ! écrit M. de Pontmartin, le
» temps pour le suffrage universel de se montrer
» tour à tour dans les mêmes urnes et entre les
» mêmes mains, servile comme un esclave d'O-
» rient, intéressé comme un juif de Francfort, in-
» solent comme un voyou de Paris, monarchique
» comme un revenant de Coblenz, radical comme
» un orateur de Belleville, souple comme un gant,
» rude comme un crin, conservateur comme un
» vieil avare, destructeur comme un ouragan des
» Tropiques, et surtout bête comme une ména-
» gerie. »

IV

Il faut en vérité se montrer bien aveugle pour ne pas voir qu'en prenant le suffrage universel pour base de nos institutions politiques, nous bâtissons sur du sable mouvant, et que plus grandiose sera le monument, plus terrible aussi sera la catastrophe.

Comment? vous faites du peuple le dépositaire de tout pouvoir; mais savez-vous comment il en usera demain?

Comprenez-vous les conséquences de cet acte?

Ne voyez-vous pas qu'à chaque changement de constitution (et vous en changerez souvent, je vous le prédis), ne voyez-vous pas, vous dis-je, que les obstacles renaîtront de toutes parts?

Et puis les complications s'amoncellent, les haines s'accentuent, les rivalités grandissent, les divisions se fractionnent encore, la foule s'agite et veille.

Que devient alors, je vous le demande, cet apai-

sement qui nous est si nécessaire? Que devient cet
ordre dans l'État, dont nous avons un si grand be-
soin? Que deviennent enfin cette force et cette pros-
périté que nous avons tous tant à cœur de recon-
quérir?

V

Un autre grief qui m'est également imputé, c'est de n'être pas pratique lorsque je dis : « Combattons tous les systèmes de suffrage universel jusqu'au jour où les votes du peuple serviront de sage contrepoids au pouvoir légitime. »

On induit de là que les légitimistes se trouveraient par le fait obligés de rester au second plan, dans la pénombre, de se désintéresser de toute lutte électorale, et de garder ainsi une neutralité qui serait préjudiciable à leur cause.

Combattre n'est pas garder la neutralité.

Or, j'entends par combattre choisir des candidats sachant s'unir, rester fermes, aller droit au but; se renfermer dans leur rôle et n'en sortir jamais pour se livrer à des discussions byzantines ou se décerner le titre de constituants.

Car c'est de là que vient notre échec.

VI

On me reproche enfin d'être l'ennemi de la liberté.

J'aurais été bien étonné que cette accusation ne se fût pas produite, mais je vous avouerai que je ne m'en afflige guère.

Pourquoi donc et à quel titre suis-je l'ennemi de la liberté?

Est-ce parce que je défends le faible contre le fort, le juste contre l'injuste? Est-ce parce que je crie contre le nombre brutal passé à l'état de souverain absolu?

C'est bien plutôt le suffrage universel pratiqué comme on le fait de nos jours qui devient le plus mortel ennemi de toute liberté, car je le disais : « Il n'a pas de raison à donner ni de compte à rendre. » Il peut tout impunément, il ne connaît pas d'obstacles, il sanctionne tout, et il ne serait pas

nécessaire de remonter bien avant dans notre histoire pour comprendre aussi qu'il sait tout oser.

Pour moi, si j'ai écrit comme je l'ai fait, c'est
uniquement parce que j'aime la vraie liberté par
dessus tout. « Cette liberté qui saura tôt ou tard
» assurer à la vérité des triomphes dignes d'elle (1). »

(1) *Les Moines d'Occident,* tome Ier.

VII

Et maintenant laissons bonapartistes, républi-
cains et radicaux se recommander, à un titre égal,
du suffrage universel comme membres de la même
famille, se le disputer comme leur propriété, et
surtout le dénaturer de leur mieux.

Laissons à leurs querelles journalières et les plé-
biscitaires et les partisans du suffrage universel,
quels qu'ils soient.

Dans un temps plus ou moins proche, la parole
sera aux événements ou plutôt à Dieu.

Paris, typ. Balitout, Questroy et Cⁱᵉ, 7, rue Baillif.